1,000 Spanish Words

el pulpo
octopus
AZ SHIEF '98

Berlitz Kids™
Berlitz Publishing Company, Inc.

Princeton Mexico City London
Eschborn Singapore

400 Alexander Park
Princeton, NJ 08540

Printed in Singapore

3 5 7 9 10 8 6 4

ISBN 2-8315-6552-9

Table of Contents

La familia
The family

el tío
uncle
el papá
dad
sonreír
to smile
la mamá
mom
la tía
aunt
la cámara
camera
el bebé
baby
el abuelo
grandpa
la abuela
grandma
el hijo
son
la hija
daughter
el perro
dog

el hombre
man
la mujer
woman
el collar
necklace
la pulsera
bracelet
el esposo
husband
la esposa
wife
la barba
beard
el reloj
watch
el anillo
ring
abrazar
to hug
la hermana
sister
el hermano
brother
la niña
girl
el perrito
puppy
el gatito
kitten
el niño
boy

En la cocina
In the kitchen

la vajilla
dishes
el teléfono
telephone
el horno
oven
la alacena
cupboard
el microondas
microwave oven
asar
to roast
hornear
to bake
el delantal
apron
lavar los platos
to wash the dishes
la leche
milk
mezclar
to mix
derramar
to spill
el tazón
bowl
el azúcar
sugar
la taza de medir
measuring cup
la harina
flour
la miel
honey

la olla
pot
la sartén
frying pan
quemado
burnt
el tostador
toaster
el pan tostado
toast
la galleta
cookie
el congelador
freezer
cocinar
to cook
oler
to smell
el queso
cheese
hervir
to boil
el jugo de naranja
orange juice
el huevo
egg
los alimentos
food
la cocina
stove
la mantequilla
butter
el refrigerador
refrigerator

En la sala
In the living room

el cuadro
picture
la fotografía
photograph
la puerta
door
los audífonos
headphones
el reproductor de CDs
CD player
cantar
to sing
el piano
piano
la grabadora
tape player
tocar
to play
el casete
cassette tape
el disco compacto
compact disk
el florero
vase

la cortina
curtain
la jaula
birdcage
el gato
cat
la planta
plant
la televisión
television
el estante
book shelf
la videograbadora
VCR
la mesita de café
coffee table
el periódico
newspaper
la lámpara
lamp
el sofá
couch
el sillón
chair
la revista
magazine
la alfombra
carpet

En el dormitorio
In the bedroom

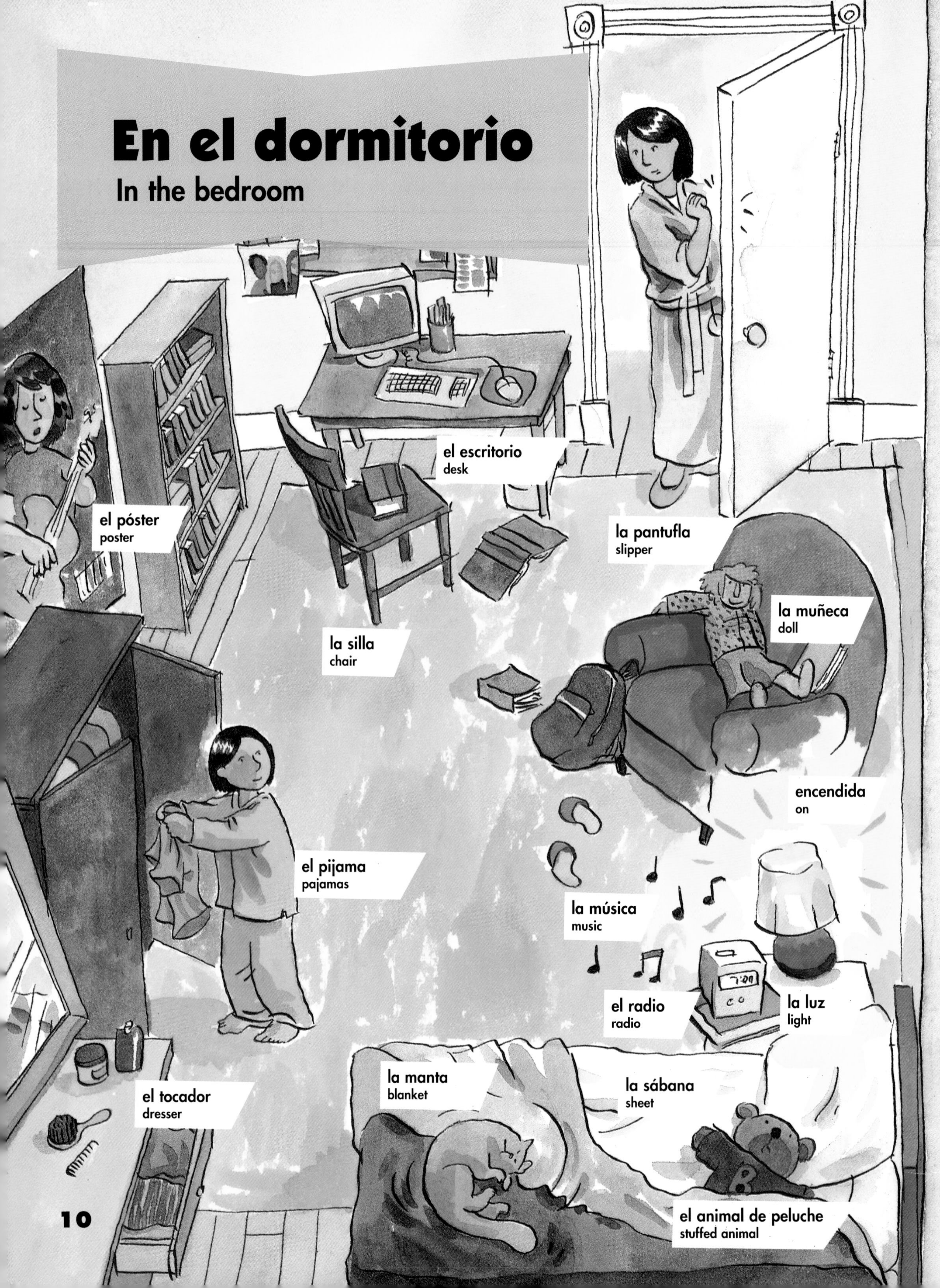
el escritorio
desk
el póster
poster
la pantufla
slipper
la silla
chair
la muñeca
doll
encendida
on
el pijama
pajamas
la música
music
el radio
radio
la luz
light
la manta
blanket
la sábana
sheet
el tocador
dresser
el animal de peluche
stuffed animal

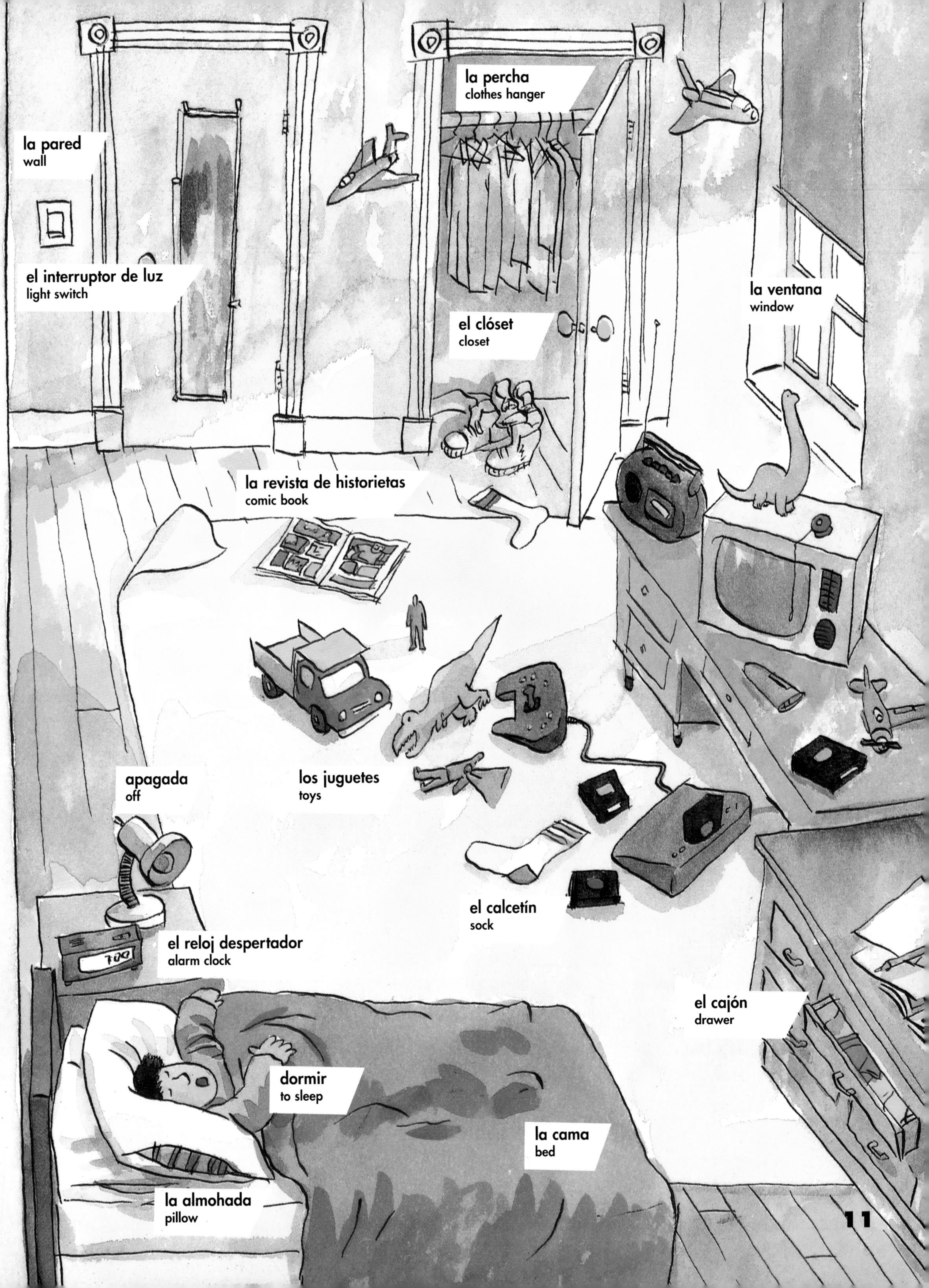
la percha
clothes hanger
la pared
wall
el interruptor de luz
light switch
la ventana
window
el clóset
closet
la revista de historietas
comic book
apagada
off
los juguetes
toys
el calcetín
sock
el reloj despertador
alarm clock
el cajón
drawer
dormir
to sleep
la cama
bed
la almohada
pillow

En el baño
In the bathroom

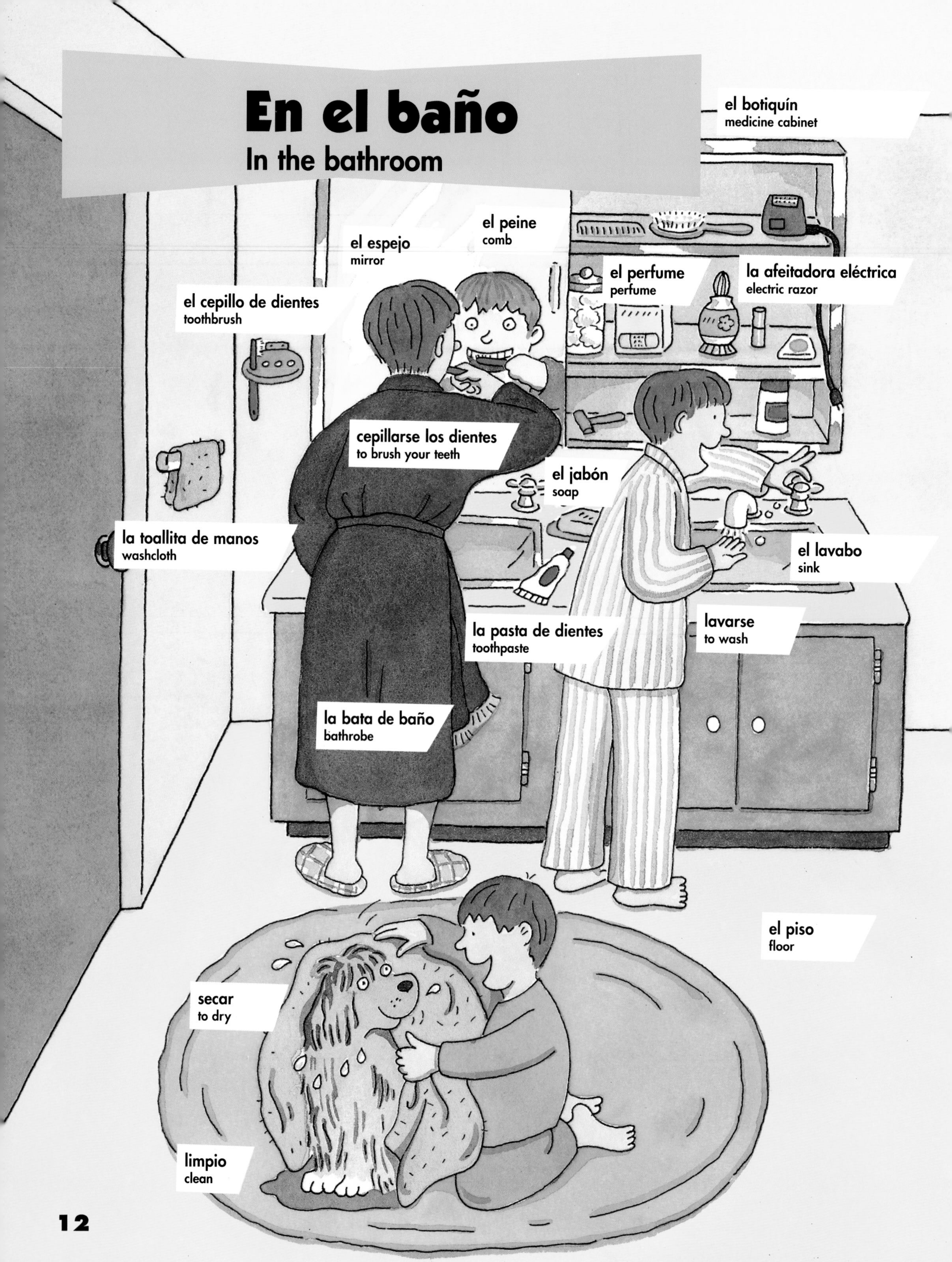
el botiquín
medicine cabinet
el peine
comb
el espejo
mirror
el perfume
perfume
la afeitadora eléctrica
electric razor
el cepillo de dientes
toothbrush
cepillarse los dientes
to brush your teeth
el jabón
soap
la toallita de manos
washcloth
el lavabo
sink
la pasta de dientes
toothpaste
lavarse
to wash
la bata de baño
bathrobe
el piso
floor
secar
to dry
limpio
clean

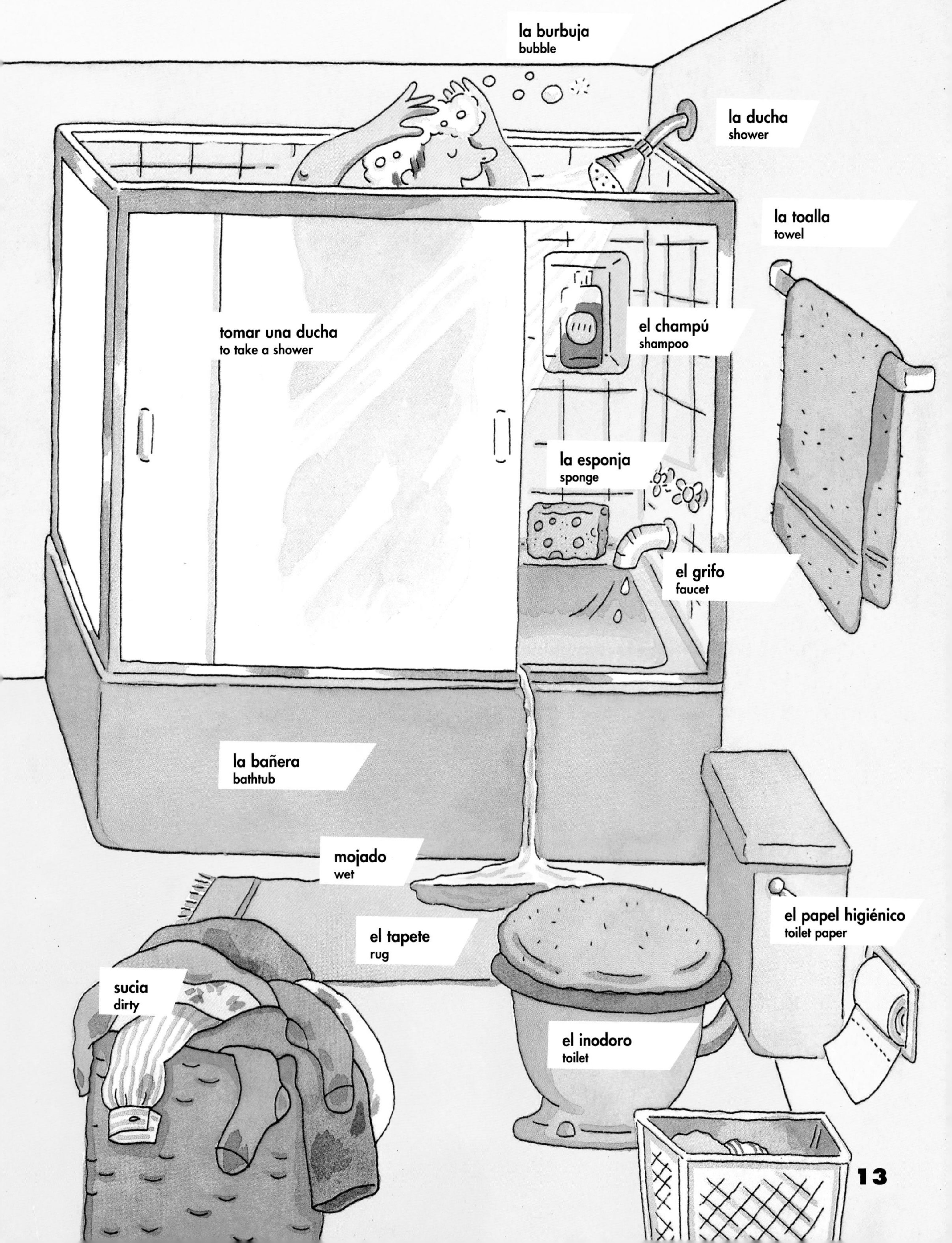
la burbuja
bubble
la ducha
shower
la toalla
towel
tomar una ducha
to take a shower
el champú
shampoo
la esponja
sponge
el grifo
faucet
la bañera
bathtub
mojado
wet
el tapete
rug
el papel higiénico
toilet paper
sucia
dirty
el inodoro
toilet

En el taller
In the workshop

la cerradura
lock
el rastrillo
rake
el taladro
drill
el agujero
hole
las escaleras
stairs
el tornillo
screw
la maceta
flowerpot
la rueda
wheel
arreglar
to repair
la bicicleta
bicycle
las pinzas
pliers
el candado
padlock
la llave
key
la caja de herramientas
toolbox

la regla
ruler
las herramientas
tools
la aspiradora
vacuum
la llave inglesa
wrench
el enchufe
electric socket
el martillo
hammer
¡ay!
ouch!
el destornillador
screwdriver
la sierra
saw
el clavo
nail

La fiesta de cumpleaños
The birthday party

dar
to give
bailar
to dance
el juego
game
el globo
balloon
los dados
dice
el cuchillo
knife
el plato
plate
el caramelo
candy
el tenedor
fork
la cuchara
spoon

la videocámara
video camera
la vela
candle
soplar
to blow
el pastel
cake
el moño
bow
el regalo
present
la tarjeta de cumpleaños
birthday card
la sonrisa
smile
abrir
to open
la cinta
ribbon
desenvolver
to unwrap
el papel de envolver
wrapping paper

En el centro comercial
At the shopping center

derecha
right
vender
to sell
el tenis
sneaker
izquierda
left
el zapato
shoe
el cambio
change
subir el cierre
to zip up
el dinero
money
el vestido
dress
comprar
to buy
la blusa
blouse
el bolso
purse
el precio
price
la falda
skirt

la corbata
tie
los anteojos
glasses
la billetera
wallet
el sombrero
hat
el traje
suit
el cinturón
belt
el bolsillo
pocket
los pantalones vaqueros
jeans
arriba
up
probarse
to try on
los pantalones
pants
la camiseta
T-shirt
abajo
down
la vendedora
store clerk
la ganga
bargain
el cliente
customer
los pantalones cortos
shorts
la camisa
shirt

En el supermercado
At the supermarket

la cebolla
onion
la lechuga
lettuce
la sandía
watermelon
el tomate
tomato
la col
cabbage
la pera
pear
el limón
lemon
la ciruela
plum
la naranja
orange
la coliflor
cauliflower
el brécol
broccoli
la manzana
apple
la banana
banana
el ajo
garlic
el pimiento verde
green pepper
la uva
grape
la piña
pineapple
el apio
celery
la cereza
cherry
la zanahoria
carrot
la fruta
fruit
la verdura
vegetable
pagar
to pay

la carne
meat
el yogur
yogurt
el pescado
fish
el frijol
bean
el estante
shelf
el pasillo
aisle
el cereal
cereal
el arroz
rice
el carrito
shopping cart
la bolsa
bag

En el restaurante
In the restaurant

el pan
bread
tropezar
to trip
los espaguetis
spaghetti
tener hambre
to be hungry
el pollo
chicken
la cena
dinner
la botella
bottle
la mesa
table
la mesera
waitress
la galleta
cracker
caliente
hot
beber
to drink
la ensalada
salad
el vaso
glass
la servilleta
napkin
la sopa
soup
el agua
water

el mantel
tablecloth
el café
coffee
el postre
dessert
compartir
to share
servir
to pour
la carta
menu
la taza
cup
el mesero
waiter
la pimienta
pepper
comer
to eat
poner
to put
cortar
to cut
la sal
salt
la pizza
pizza
Lynn Jeffery 97

En el salón de clase
In the classroom

el tablero
bulletin board
el pegamento
glue
el libro
book
la computadora
computer
el crayón
crayon
el calendario
calendar
la pluma
pen
el diccionario
dictionary
leer
to read
el maestro
teacher
el número
number
la tarea
homework
el estudiante
student
la estudiante
student

1 2 3 4 5 6 7 8 9 10
la pizarra
chalkboard
las matemáticas
math
dividir
to divide
multiplicar
to multiply
sumar
to add
restar
to subtract
pensar
to think
el globo
globe
el borrador
eraser
la tiza
chalk
el marcador
marker
la grapadora
stapler
?
enseñar
to teach
preguntar
to ask
la calculadora
calculator
el estuche
pencil case
el cuaderno
notebook
el lápiz
pencil
el sacapuntas
pencil sharpener
la mochila
backpack

En el zoológico
At the zoo

ligero
light
pesado
heavy
el hipopótamo
hippopotamus
el cocodrilo
crocodile
el elefante
elephant
el caimán
alligator
el guía
guide
fuerte
strong
el gorila
gorilla
colgar
to hang
alcanzar
to reach
rascar
to scratch
subir
to climb
los monos
monkeys
el chimpancé
chimpanzee

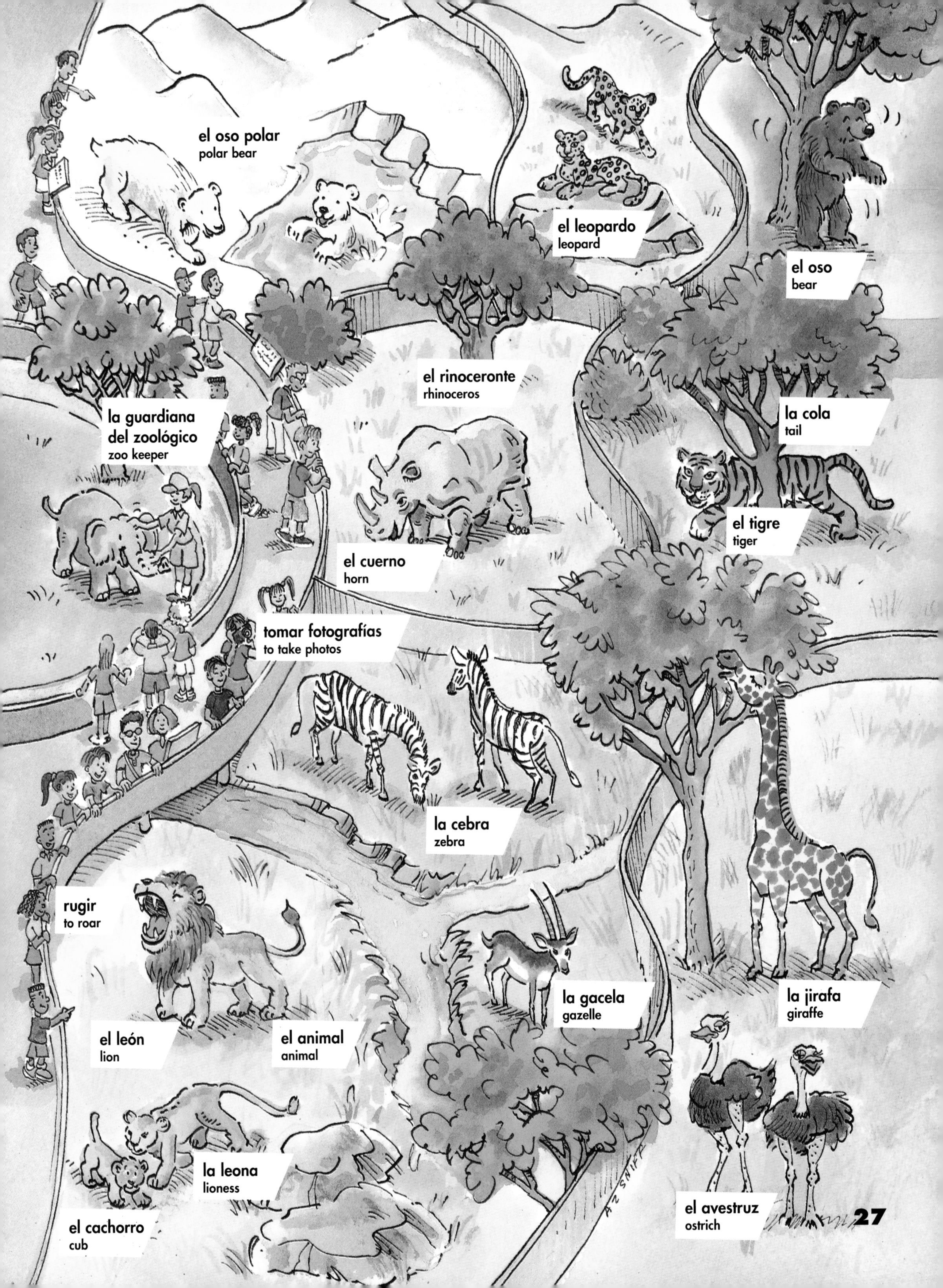
el oso polar
polar bear
el leopardo
leopard
el oso
bear
el rinoceronte
rhinoceros
la cola
tail
la guardiana
del zoológico
zoo keeper
el tigre
tiger
el cuerno
horn
tomar fotografías
to take photos
la cebra
zebra
rugir
to roar
la gacela
gazelle
la jirafa
giraffe
el león
lion
el animal
animal
la leona
lioness
el avestruz
ostrich
el cachorro
cub

En el parque
In the park

la canasta de picnic
picnic basket
jugar a las escondidas
to play hide and seek
la hormiga
ant
las papas fritas
potato chips
la limonada
lemonade
el sándwich
sandwich
la ardilla
squirrel
el picnic
picnic
la mesa de picnic
picnic table
la casita de pájaros
birdhouse
la nuez
nut
estornudar
to sneeze
el arbusto
bush
el camino
path
los patines
roller skates

la cometa
kite
columpiarse
to swing
el campo de recreo
playground
el columpio
swing
el tobogán
slide
saltar a la cuerda
to jump rope
la fuente
fountain
el subibaja
see-saw
el disco volador
Frisbee®
el cajón de arena
sandbox
ladrar
to bark
el casco
helmet
el césped
grass
el monopatín
skateboard
los patines en línea
in-line skates

En el parque de diversiones
At the amusement park

el circo
circus
la montaña rusa
roller coaster
el payaso
clown
el mago
magician
mareado
dizzy
el fantasma
ghost
el túnel del amor
tunnel of love
el corazón
heart
el monstruo
monster
la casa de los fantasmas
haunted house

el concierto
concert
los altoparlantes
loudspeakers
la cantante
singer
el micrófono
microphone
la rueda gigante
Ferris wheel
alto
high
bajo
low
el arco
bow
el blanco
target
la flecha
arrow
el títere
puppet
el carrusel
carousel
el algodón de azúcar
cotton candy
el boleto
ticket
la fila
line

En el hospital
In the hospital

la medicina
medicine
el doctor
doctor
la enfermera
nurse
la silla de ruedas
wheelchair
la ambulancia
ambulance
el ascensor
elevator
el yeso
cast
la camilla
stretcher
la venda
bandage

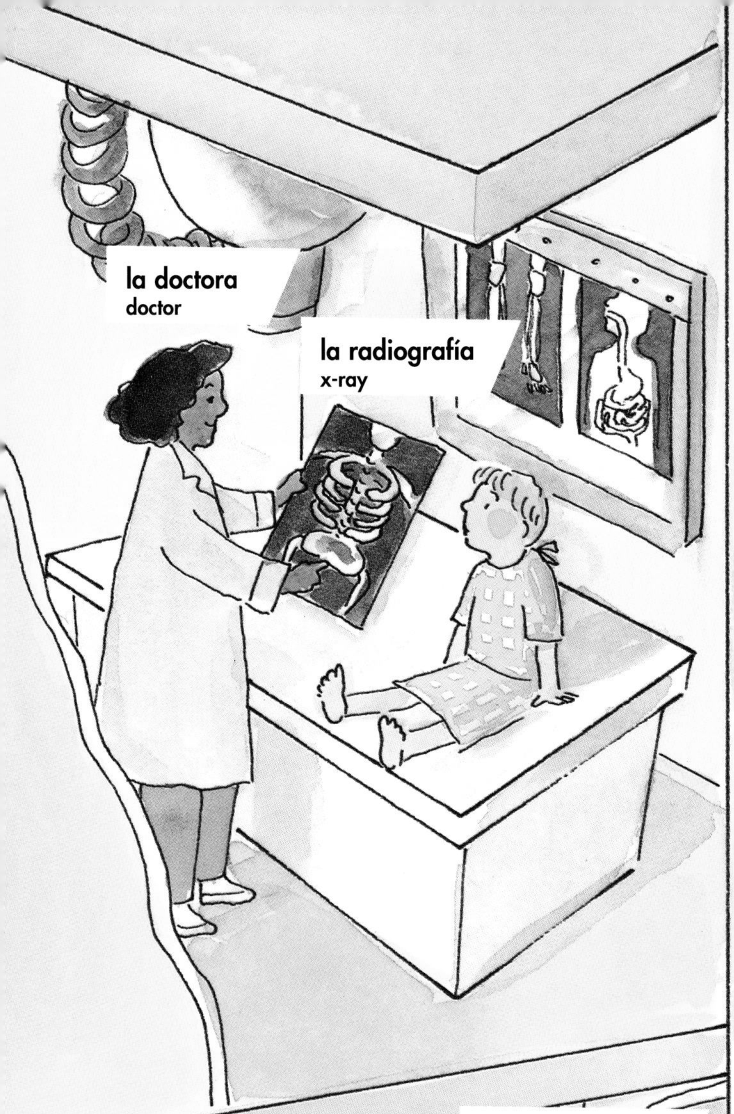
la doctora
doctor
la radiografía
x-ray

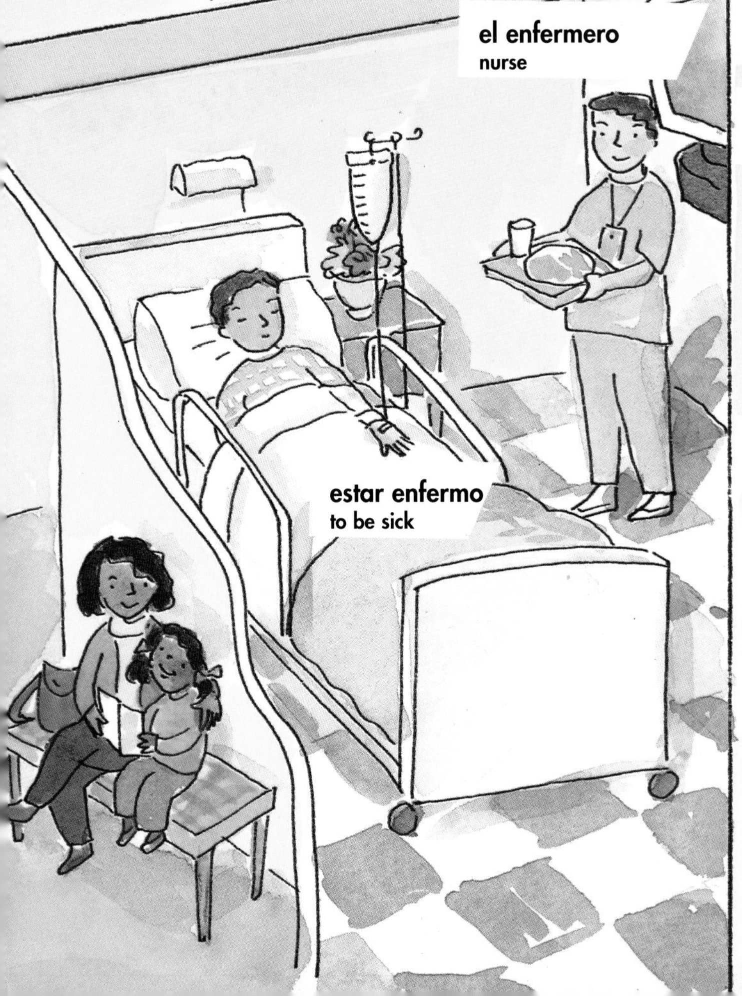
el enfermero
nurse
estar enfermo
to be sick

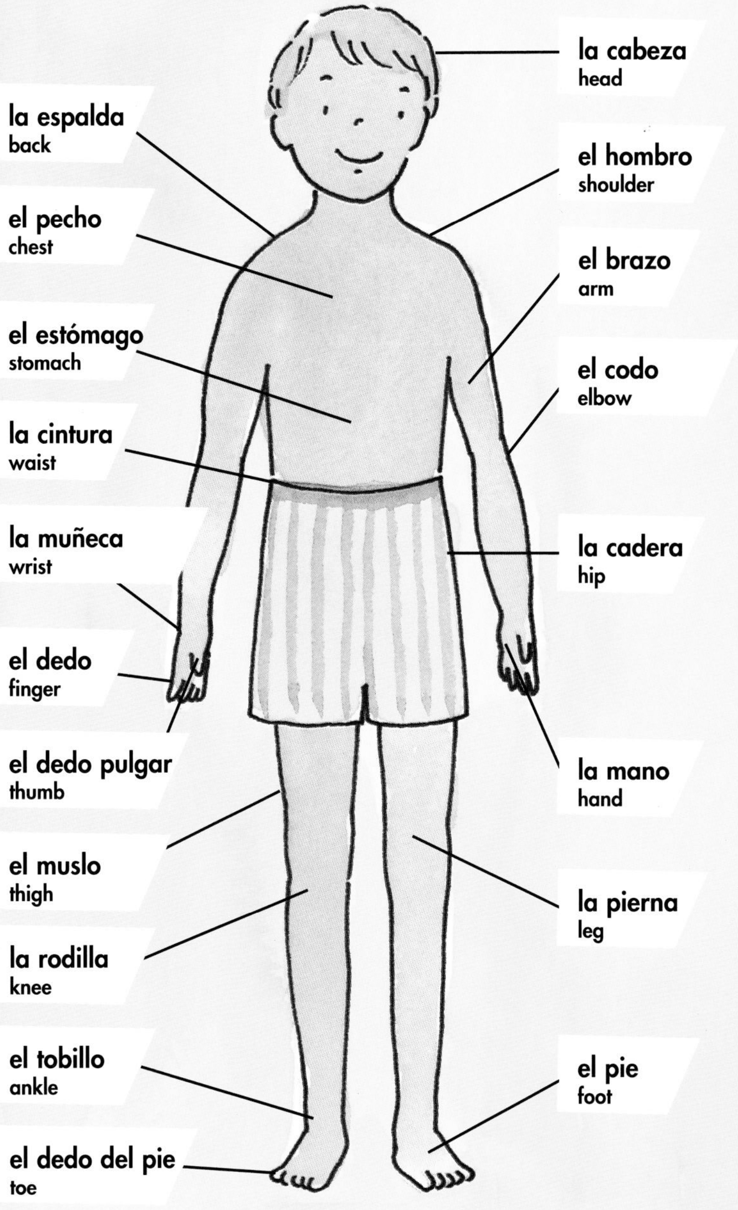
la cabeza
head
la espalda
back
el hombro
shoulder
el pecho
chest
el brazo
arm
el estómago
stomach
el codo
elbow
la cintura
waist
la cadera
hip
la muñeca
wrist
el dedo
finger
el dedo pulgar
thumb
la mano
hand
el muslo
thigh
la pierna
leg
la rodilla
knee
el tobillo
ankle
el pie
foot
el dedo del pie
toe

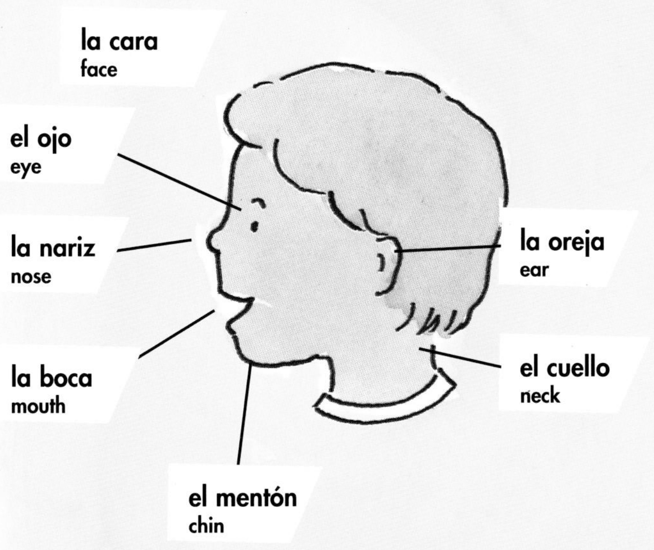
la cara
face
el ojo
eye
la nariz
nose
la oreja
ear
la boca
mouth
el cuello
neck
el mentón
chin

En el museo
At the museum

la estrella
star
la Tierra
Earth
el cohete
rocket
el astronauta
astronaut
blanco
white
la luna
moon
el guardia
guard
marrón
brown
el dinosaurio
dinosaur
el esqueleto
skeleton

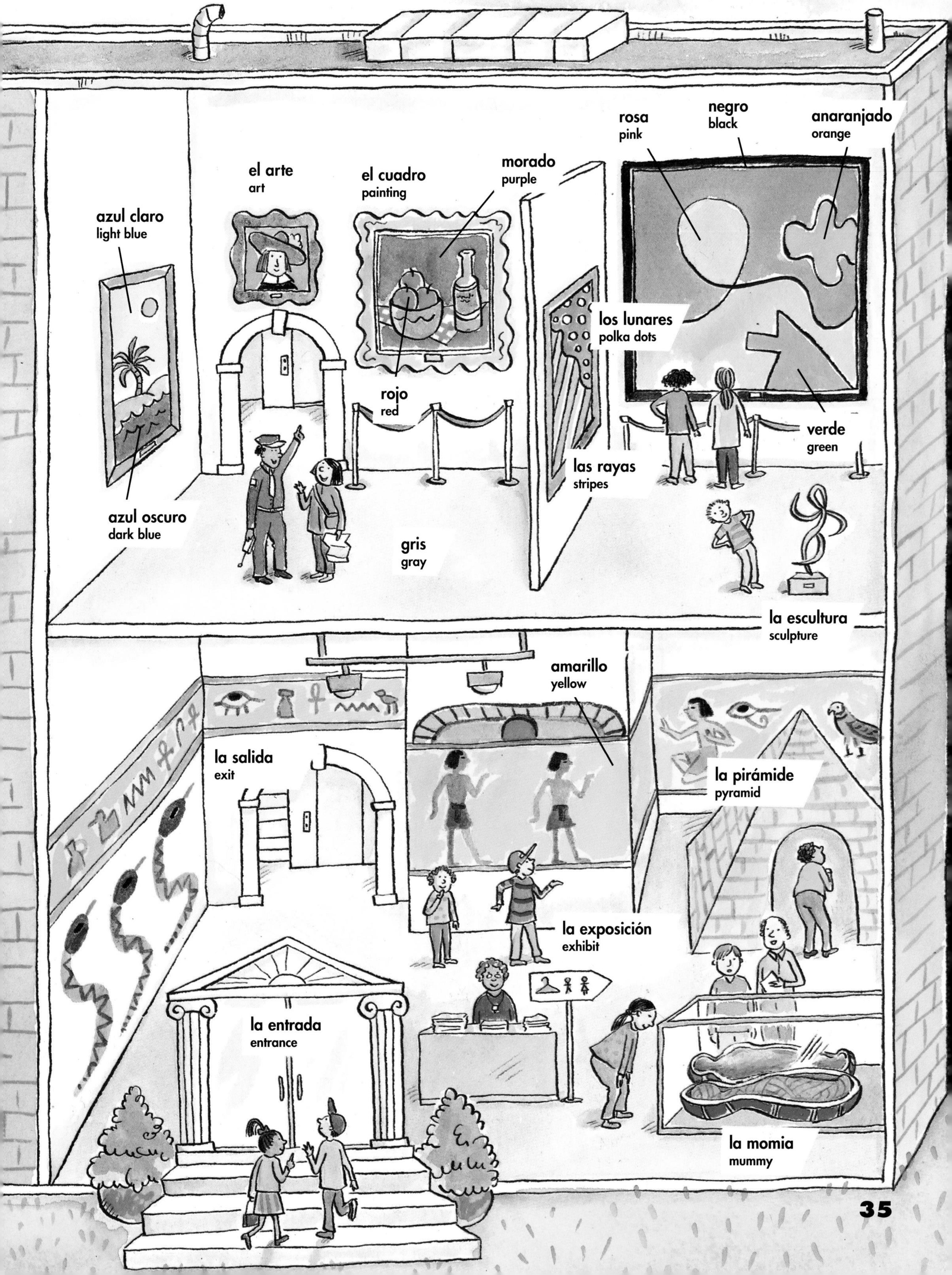
rosa
pink
negro
black
anaranjado
orange
el arte
art
el cuadro
painting
morado
purple
azul claro
light blue
los lunares
polka dots
rojo
red
verde
green
las rayas
stripes
azul oscuro
dark blue
gris
gray
la escultura
sculpture
amarillo
yellow
la salida
exit
la pirámide
pyramid
la exposición
exhibit
la entrada
entrance
la momia
mummy

En la playa
At the beach

el faro
lighthouse
la isla
island
la ola
wave
la tabla de surf
surfboard
salpicar
to splash
la máscara de buceo
diving mask
el esnórquel
snorkel
las aletas
fins
nadar
to swim
la pelota
ball
la loción bronceadora
suntan lotion
descansar
to relax
la bebida
drink
la concha marina
seashell
jugar
to play
la pistola de agua
water gun
la sandalia
sandal
los anteojos de sol
sunglasses
la nevera portátil
cooler

el sol
sun
el velero
sailboat
la palmera
palmtree
la gaviota
seagull
tirarse al agua
to dive
la roca
rock
el castillo de arena
sand castle
el traje de baño
swimsuit
la arena
sand
el balde
bucket
el voleibol
volleyball
el salvavidas
lifeguard
la red
net

La ciudad
The city

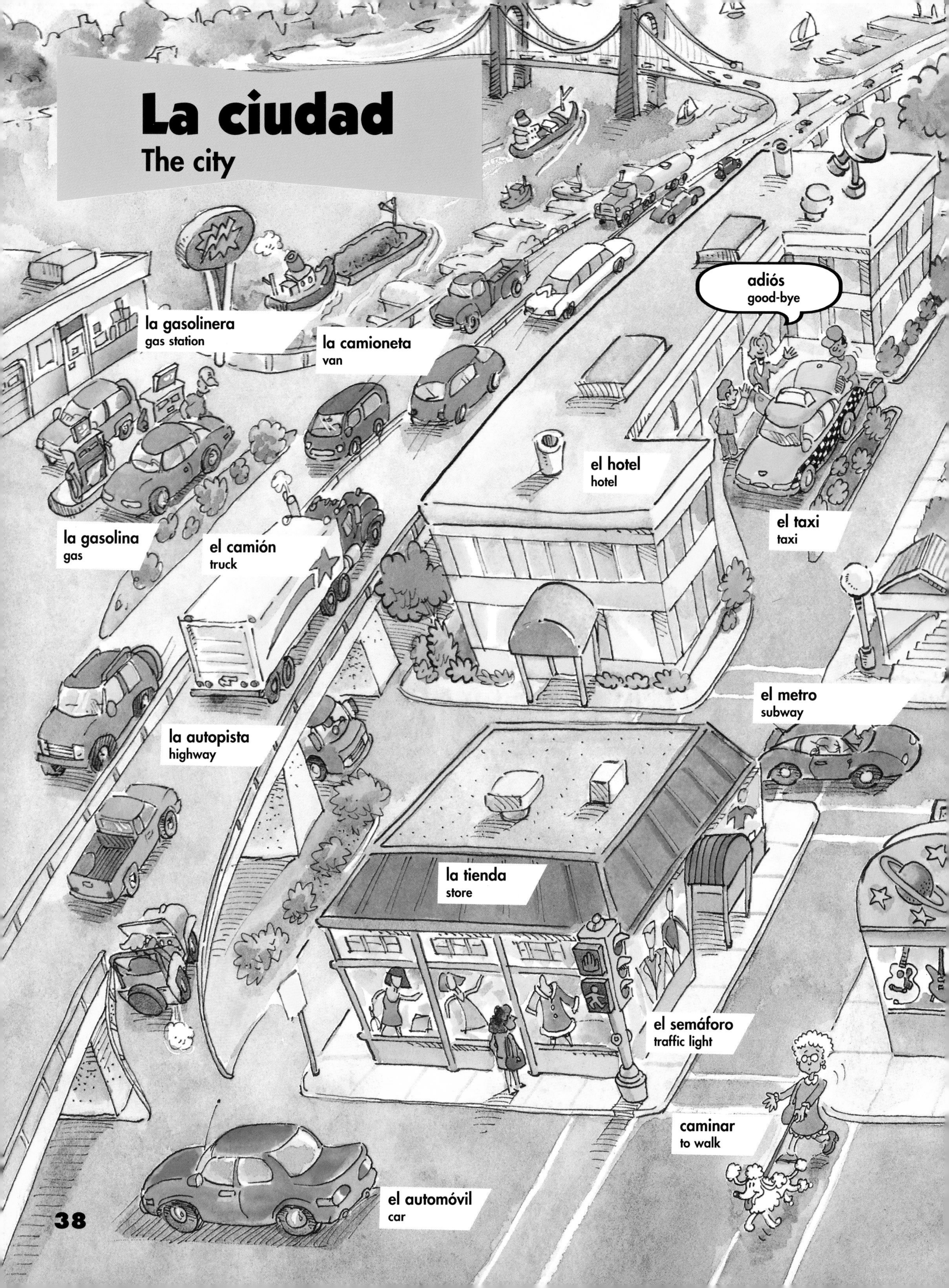

adiós
good-bye
la gasolinera
gas station
la camioneta
van
el hotel
hotel
el taxi
taxi
la gasolina
gas
el camión
truck
el metro
subway
la autopista
highway
la tienda
store
el semáforo
traffic light
caminar
to walk
el automóvil
car

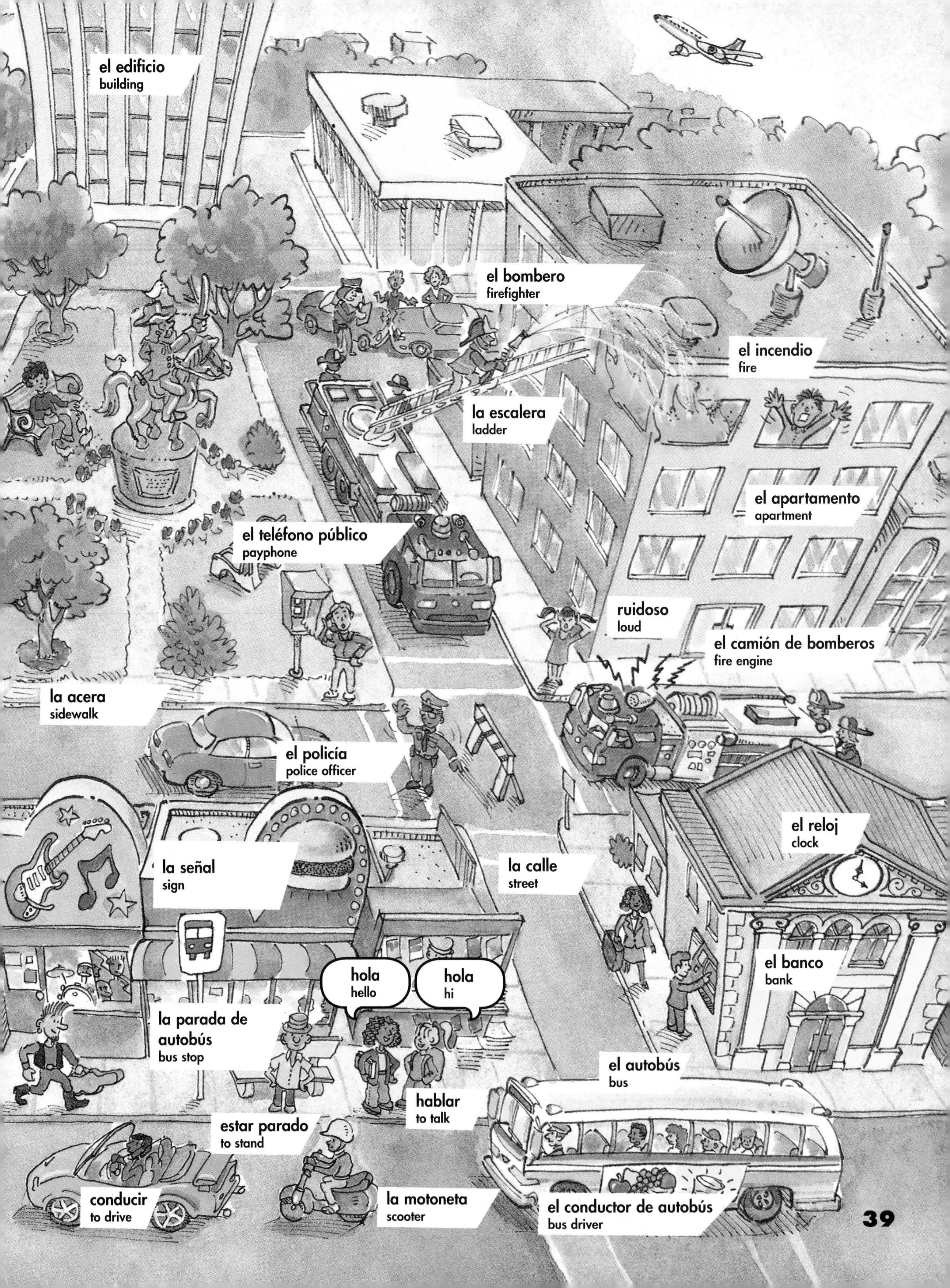
el edificio
building
el bombero
firefighter
el incendio
fire
la escalera
ladder
el apartamento
apartment
el teléfono público
payphone
ruidoso
loud
el camión de bomberos
fire engine
la acera
sidewalk
el policía
police officer
el reloj
clock
la señal
sign
la calle
street
el banco
bank
hola
hello
hola
hi
la parada de autobús
bus stop
el autobús
bus
hablar
to talk
estar parado
to stand
conducir
to drive
la motoneta
scooter
el conductor de autobús
bus driver

El pueblo
The town

el techo
roof
la casa
house
la tienda de comestibles
grocery store
el desfile
parade
el basurero
garbage can
pintar
to paint
el pincel
paintbrush
el pintor
painter
el diente
tooth
el dentista
dentist
las tijeras
scissors
la peluquería
barbershop
el corte de pelo
haircut
el peluquero
barber

la bandera
flag
el ayuntamiento
town hall
la oficina de correos
post office
la carta
letter
la banda
band
el buzón
mailbox
detenerse
to stop
la motocicleta
motorcycle
la banca
bench
el helado
ice cream
el cine
movie theater
el chocolate chocolate
la vainilla vanilla
la fresa strawberry
la película
movie
la heladería
ice cream shop

El campo
The countryside

nublado
cloudy
el rayo
lightning
llover
to rain
la tormenta
storm
la lluvia
rain
la cabaña
cabin
el viento
wind
la hoja
leaf
el paraguas
umbrella
el impermeable
raincoat
el árbol
tree

la nube
cloud
el arco iris
rainbow
la montaña
mountain
el túnel
tunnel
el puente
bridge
el tren
train
la mariposa
butterfly
el conejo
rabbit
el río
river
el zorro
fox
la colina
hill
el campo
field
el pájaro
bird
la flor
flower

En la granja
At the farm

el pastor
shepherd
la oveja
sheep
el cordero
lamb
la cabra
goat
el potro
colt
el caballo
horse
el ternero
calf
la vaca
cow
el toro
bull
la cerca
fence
la rana
frog
el pozo
well
el pato
duck
el estanque
pond
el ganso
goose
el establo
stable
el cerdo
pig
la silla de montar
saddle
el heno
hay
montar a caballo
to ride

el granjero
farmer
el tractor
tractor
el espantapájaros
scarecrow
el trigo
wheat
el maíz
corn
el jardín
garden
la jardinera
gardener
la manguera
hose
el granero
barn
el pavo
turkey
el gallo
rooster
el gallinero
chicken coop
la gallina
hen
el ratón
mouse
el barril
barrel

En el campamento
Camping

el águila
eagle
el puerco espín
porcupine
el ciervo
deer
los binoculares
binoculars
la cascada
waterfall
el nido
nest
el castor
beaver
la gorra
cap
la linterna
flashlight
el mapa
map
el bastón
walking stick

la tienda
tent
la serpiente
snake
el saco de dormir
sleeping bag
el zorrillo
skunk
el humo
smoke
los fósforos
matches
el mapache
raccoon
la parrilla
grill
la fogata
campfire
el sendero
trail

Los deportes de invierno
Winter sports

el suéter
sweater
romperse
to break
caerse
to fall
esquiar
to ski
la nieve
snow
el muñeco de nieve
snowman
los anteojos protectores
goggles
aplaudir
to clap
la chaqueta
jacket
los esquís
skis
las botas
boots
la pala
shovel

gritar
to shout
el trineo
sled
los guantes
gloves
la tabla de esquiar
snowboard
la bufanda
scarf
los mitones
mittens
la bola de nieve
snowball
tener frío
to be cold
el abrigo
coat
el hielo
ice
la portería
goal
el portero
goalie
patinar sobre hielo
to ice skate
el palo de hockey
hockey stick
los patines de hielo
ice skates
el disco de goma
puck
el jugador de hockey
hockey player

Los deportes de verano
Summer sports

el espectador
spectator
el fútbol
soccer
el futbolista
soccer player
patear
to kick
pasar
to pass
el balón de fútbol
soccer ball
correr
to run
el baloncesto
basketball
la raqueta de tenis
tennis racket
tirar
to shoot
practicar
to practice
la canasta
basket
la pelota de tenis
tennis ball
el jugador de baloncesto
basketball player
driblar
to dribble
el tenis
tennis
el tenista
tennis player

el trampolín
diving board
el salvavidas
life preserver
la piscina
swimming pool
el béisbol
baseball
lanzar
to throw
agarrar
to catch
pegar
to hit
el bate de béisbol
baseball bat
el guante de béisbol
baseball glove
el entrenador
coach
la base
base
el beisbolista
baseball player
el equipo
team

El océano
The ocean

la morsa
walrus
la ballena
whale
la foca
seal
la medusa
jelly fish
el calamar
squid
el submarino
submarine
la tortuga
turtle
el tiburón
shark
el pez
fish
la almeja
clam
el coral
coral
abierta
open
cerrada
closed
la estrella de mar
starfish

el delfín
dolphin
soleado
sunny
el pescador
fisherman
pescar
to fish
el atún
tuna fish
la lombriz
worm
el caballito de mar
seahorse
el cangrejo
crab
bucear
to scuba dive
el buzo
scuba diver
el pez espada
swordfish
el tesoro
treasure
la cueva
cave
brillante
shiny
la langosta
lobster
el pulpo
octopus
AZ SHIFF '98

En el bosque encantado

In the enchanted forest

el bosque
forest
el búho
owl
la escoba
broom
el lobo
wolf
la bruja
witch
bella
beautiful
guapo
handsome
el dragón
dragon
el príncipe
prince
la princesa
princess

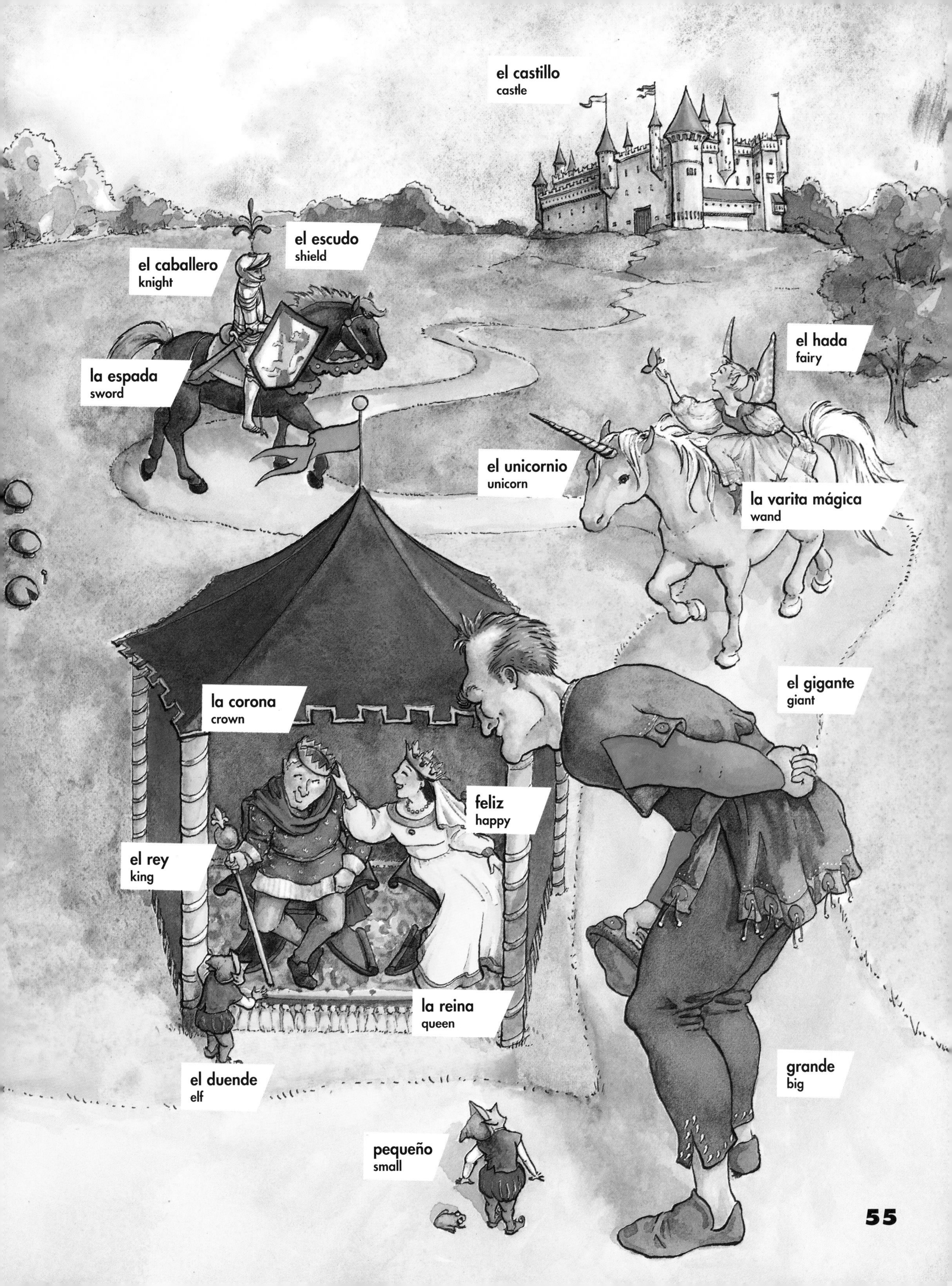
el castillo
castle
el escudo
shield
el caballero
knight
la espada
sword
el hada
fairy
el unicornio
unicorn
la varita mágica
wand
el gigante
giant
la corona
crown
feliz
happy
el rey
king
la reina
queen
el duende
elf
grande
big
pequeño
small

De viaje
Travel

viajar
to travel
el crucero
cruise ship
el piloto
pilot
el aeropuerto
airport
aterrizar
to land
el remolcador
tugboat
el bote
boat
la maleta
suitcase
la aduana
customs
el tráfico
traffic

el barco
ship
el helicóptero
helicopter
volar
to fly
el mecánico
mechanic
el capitán
captain
el avión
airplane
despegar
to take off
el pasajero
passenger
el ala
wing
la pista
runway
la torre de control
control tower
el mirador
observation deck
el pasaporte
passport
la escalera mecánica
escalator
la sala de espera
waiting area

Más palabras
More Words

Palabras para describir	Words to describe
aburrido, aburrida	bored
alto, alta	tall
ancho, ancha	wide
angosto, angosta	narrow
callado, callada	quiet
cansado, cansada	tired
corto, corta	short
de cuadros a la escocesa	plaid
delgado, delgada	thin
difícil	difficult
duro, dura	hard
enojado, enojada	angry
fácil	easy
grueso, gruesa	thick
magenta	magenta
pequeño, pequeña	little
ocupado, ocupada	busy
recto, recta	straight
tibio, tibia	warm
triste	sad

Sustantivos	Nouns
alfabeto (el)	alphabet
almuerzo (el)	lunch
arcilla (la)	clay
cacahuate (el)	peanut
caja (la)	box
capítulo (el)	chapter
calor (el)	heat
chicle (el)	gum
cierre (el)	zipper
círculo (el)	circle
color (el)	color
comedor (el)	dining room
cuento (el)	story
desayuno (el)	breakfast
estampilla (la)	stamp
fin (el)	end
fondo (el)	bottom
golosina en barra (la)	candy bar
grado (el)	grade
grapas (las)	staples
guitarra (la)	guitar
héroe (el)	hero
hueso (el)	bone
invierno (el)	winter
nombre (el)	name
otoño (el)	autumn
parte superior (la)	top
pila (la)	battery
pregunta (la)	question
primavera (la)	spring
promesa (la)	promise
prueba (la)	test
respuesta (la)	answer
ropa (la)	clothes
ropa interior (la)	underwear
sobre (el)	envelope
sorpresa (la)	surprise
taburete (el)	stool
té (el)	tea
techo (el)	ceiling
triángulo (el)	triangle
vacaciones (las)	vacation
vaquero (el)	cowboy
verano (el)	summer
violín (el)	violin

Verbos	Verbs
adivinar	to guess
amar	to love
atar	to tie
besar	to kiss
cerrar	to close
construir	to build
coser	to sew
despertarse	to wake up
dibujar	to draw
empujar	to push
escuchar	to listen
estudiar	to study
gustar	to like
hacer	to do
hacer	to make
ir	to go
jalar	to pull
llorar	to cry
oír	to hear
poder	can
ponerse	to wear
querer	to want
saludar	to wave
silbar	to whistle
soñar	to dream
tener	to have
tocar	to touch
tomar	to take
vivir	to live
ver	to see

Los números	Numbers
cero	zero
uno	one
dos	two
tres	three
cuatro	four
cinco	five
seis	six
siete	seven
ocho	eight
nueve	nine
diez	ten
once	eleven
doce	twelve
trece	thirteen
catorce	fourteen
quince	fifteen
dieciséis	sixteen
diecisiete	seventeen
dieciocho	eighteen
diecinueve	nineteen
veinte	twenty
treinta	thirty
cuarenta	forty
cincuenta	fifty
sesenta	sixty
setenta	seventy
ochenta	eighty
noventa	ninety
cien	one hundred
doscientos	two hundred
trescientos	three hundred
cuatrocientos	four hundred
quinientos	five hundred
seiscientos	six hundred
setecientos	seven hundred
ochocientos	eight hundred
novecientos	nine hundred
mil	one thousand

Los números ordinales	Ordinal numbers
primero	first
segundo	second
tercero	third
cuarto	fourth
quinto	fifth
sexto	sixth
séptimo	seventh
octavo	eighth
noveno	ninth
décimo	tenth

Los días	Days
domingo	Sunday
lunes	Monday
martes	Tuesday
miércoles	Wednesday
jueves	Thursday
viernes	Friday
sábado	Saturday

Los meses	Months
enero	January
febrero	February
marzo	March
abril	April
mayo	May
junio	June
julio	July
agosto	August
septiembre	September
octubre	October
noviembre	November
diciembre	December

Expresiones de tiempo	Elements of time
segundo (el)	second
minuto (el)	minute
hora (la)	hour
día (el)	day
semana (la)	week
mes (el)	month
año (el)	year
ayer	yesterday
hoy	today
mañana	tomorrow
pronto	early
tarde	late

Palabras útiles	Useful words
a, hacia	to
con	with
de	of
debajo	under
él	he
ella	she
ello (neutro)	it
ellos/as	they
en	at
en, dentro	in
encima de	on
entre	between
fuera	out
mi	my
mío/a	mine
no	no
nosotros/as	we
nuestro/a	our
nuestro/a	ours
pero	but
quizás	maybe
señor	Mr.
señora	Mrs.
señorita / señora	Ms.
sí	yes
sobre	over
su (de él)	his
su (de ella)	her
su (de ellos)	their
suyo/a (de él)	his
suyo/a (de ella)	hers
suyo/a (de ello)	its
suyo/a (de ellos)	theirs
y	and
yo	I

Index

D

E

F

fotografía (la), photograph, 8
fresa (la), strawberry, 41
frijol (el), bean, 21
fruta (la), fruit, 20
fuente (la), fountain, 29
fuerte, strong, 26
fútbol (el), soccer, 50
futbolista (el, la), soccer player, 50

G

gacela (la), gazelle, 27
galleta (la), cookie, 7
galleta (la), cracker, 22
gallina (la), hen, 45
gallinero (el), chicken coop, 45
gallo (el), rooster, 45
ganga (la), bargain, 19
ganso (el), goose, 44
gasolina (la), gas, 38
gasolinera (la), gas station, 38
gatito (el), kitten, 5
gato (el), cat, 9
gaviota (la), seagull, 37
gigante (el), giant, 55
globo (el), globe, 25
globo (el), balloon, 16
gorila (el), gorilla, 26
gorra (la), cap, 46
grabadora (la), tape player, 8
grande, big, 55
granero (el), barn, 45
granja (la), farm, 44
granjero (el), granjera (la), farmer, 45
grapadora (la), stapler, 25
grifo (el), faucet, 13
gris, gray, 35
gritar, to shout, 49
guante de béisbol (el), baseball glove, 51
guantes (los), gloves, 49
guapo, handsome, 54
guardia (el, la), guard, 34
guardián del zoológico (el), guardiana (la), zoo keeper, 27
guía (el, la), guide, 26

H

hablar, to talk, 39
hada (el), fairy, 55
harina (la), flour, 6
heladería (la), ice cream shop, 41
helado (el), ice cream, 41
helicóptero (el), helicopter, 57
heno, hay, 44
hermana (la), sister, 5
hermano (el), brother, 5
herramientas (las), tools, 15
hervir, to boil, 7
hielo (el), ice, 49
hija (la), daughter, 4
hijo (el), son, 4
hipopótamo (el), hippopotamus, 26
hoja (la), leaf, 42
hola, hello, 39
hola, hi, 39
hombre (el), man, 5
hombro (el), shoulder, 33
hormiga (la), ant, 28
hornear, to bake, 6
horno (el), oven, 6
hospital (el), hospital, 32
hotel (el), hotel, 38
huevo (el), egg, 7
humo (el), smoke, 47

I

impermeable (el), raincoat, 42
incendio (el), fire, 39
inodoro (el), toilet, 13
interruptor de luz (el), light switch, 11
isla (la), island, 36
izquierdo, izquierda, left, 18

J

jabón (el), soap, 12
jardín (el), garden, 45
jardinero (el), jardinera (la), gardener, 45
jaula (la), birdcage, 9
jirafa (la), giraffe, 27
juego (el), game, 16
jugador de baloncesto (el), jugadora (la), basketball player, 50
jugador de hockey (el), jugadora (la), hockey player, 49
jugar, to play, 36
jugar a las escondidas, to play hide and seek, 28
jugo de naranja (el), orange juice, 7
juguetes (los), toys, 11

L

ladrar, to bark, 29
lámpara (la), lamp, 9
langosta (la), lobster, 53
lanzar, to throw, 51
lápiz (el), pencil, 25
lavabo (el), sink, 12
lavar los platos, to wash the dishes, 6
lavarse, to wash, 12
leche (la), milk, 6
lechuga (la), lettuce, 20
leer, to read, 24
león (el), lion, 27
leona (la), lioness, 27
leopardo (el), leopard, 27
libro (el), book, 24
ligero, ligera, light, 26
limón (el), lemon, 20
limonada (la), lemonade, 28
limpio, limpia, clean, 12
linterna (la), flashlight, 46
llave (la), key, 14
llave inglesa (la), wrench, 15
llover, to rain, 42
lluvia (la), rain, 42
lobo (el), wolf, 54
loción bronceadora (la), suntan lotion, 36
lombriz (la), worm, 53
luna (la), moon, 34
lunares (los), polka dots, 35
luz (la), light, 10

M

maceta (la), flowerpot, 14
maestro (el), maestra (la), teacher, 24
mago (el), maga (la) magician, 30
maíz (el), corn, 45
maleta (la), suitcase, 56
mamá (la), mom, 4
manguera (la), hose, 45
mano (la), hand, 33
manta (la), blanket, 10
mantel (el), tablecloth, 23
mantequilla (la), butter, 7
manzana (la), apple, 20
mapa (el), map, 46
mapache (el), raccoon, 47
marcador (el), marker, 25
mareado, mareada, dizzy, 30
mariposa (la), butterfly, 43
marrón, brown, 34
martillo (el), hammer, 15
máscara de buceo (la), diving mask, 36
matemáticas (las), math, 25
mecánico (el), mecánica (la), mechanic, 57
medicina (la), medicine, 32
medusa (la), jelly fish, 52
mentón (el), chin, 33
mesa (la), table, 22
mesa de picnic (la), picnic table, 28
mesera (la), waitress, 22
mesero (el), waiter, 23
mesita de café (la), coffee table, 9
metro (el), subway, 38
mezclar, to mix, 6
micrófono (el), microphone, 31
microondas (el), microwave oven, 6
miel (la), honey, 6
mirador (el), observation deck, 57
mitones (los), mittens, 49
mochila (la), backpack, 25
mojado, mojada, wet, 13
momia (la), mummy, 35
monopatín (el), skateboard, 29
moño (el), bow, 17
monos (los), monkeys, 26
monstruo (el), monster, 30
montaña (la), mountain, 43
montaña rusa (la), roller coaster, 30
montar a caballo, to ride, 44
morado, morada, purple, 35
morsa (la), walrus, 52
motocicleta (la), motorcycle, 41
motoneta (la), scooter, 39
mujer (la), woman, 5
multiplicar, to multiply, 25
muñeca (la), doll, 10
muñeca (la), wrist, 33
muñeco de nieve (el), snowman, 48
museo (el), museum, 34
música (la), music, 10
muslo (el), thigh, 33

T

U

V

Y

Z